Matthias Menn

Immanuel Kants Stellung zu Jean Jacques Rousseau

Matthias Menn

Immanuel Kants Stellung zu Jean Jacques Rousseau

ISBN/EAN: 9783744656283

Hergestellt in Europa, USA, Kanada, Australien, Japan

Cover: Foto ©ninafisch / pixelio.de

Weitere Bücher finden Sie auf **www.hansebooks.com**

MMANUEL KANTS STELLUNG

ZU

JEAN JACQUES ROUSSEAU.

INAUGURAL-DISSERTATION

ZUR ERLANGUNG DER

PHILOSOPHISCHEN DOCTORWÜRDE

DER

OHEN PHILOSOPHISCHEN FAKULTÄT

DER

UNIVERSITÄT FREIBURG i. BR.

MATTHIAS MENN

AUS KÖLN a. RH.
STADTPFARRER IN FREIBURG i. BR.

--*--

FR. WAGNER'SCHE BUCHDRUCKEREI.
1894.

IMMANUEL KANTS STELLUNG

ZU

JEAN JACQUES ROUSSEAU.

INAUGURAL-DISSERTATION

ZUR ERLANGUNG DER

PHILOSOPHISCHEN DOCTORWÜRDE

DER

HOHEN PHILOSOPHISCHEN FAKULTÄT

DER

UNIVERSITÄT FREIBURG i. BR.

VORGELEGT VON

MATTHIAS MENN

AUS KÖLN a. RH.

STADTPFARRER IN FREIBURG i. BR.

FREIBURG i. B.

FR. WAGNER'SCHE BUCHDRUCKEREI.

1894.

DEM ANDENKEN MEINER ELTERN.

Immanuel Kants Stellung zu Jean Jacques Rousseau.

1.

Vorgänge im Leben Kants,[1]) sowie seine Äusserungen in den „Fragmenten"[2]) weisen uns darauf hin, dass die Lektüre der Werke Rousseaus, insbesondere des „Emil", auf ihn einen tiefen und nachhaltigen Eindruck gemacht hat. Kant rühmt in den Fragmenten an Rousseau die Schönheit des Ausdruckes und die Zauberkraft der Beredsamkeit, den Schwung des Genius und die gefühlvolle Seele,[3]) die Scharfsinnigkeit des Geistes und das einzig dastehende Talent. Haben diese Eigenschaften aber für's Erste auch etwas Bestechendes und Hinreissendes an sich, so lässt er sich doch von dieser Sprache eines leidenschaftlichen Herzens, die die Leidenschaften in anderer Herzen mächtig aufregte, nicht fortreissen. Vielmehr verhehlt er nicht seine Befremdung gegenüber den seltsamen und widersinnigen Meinungen des

---

[1]) cf. Kuno Fischer, Geschichte der neuern Philosophie. III. Bd. (Imm. Kant u. seine Lehre. I. Teil.) München 1882. p. 227.

[2]) Über die Bedeutung der Fragmente cf. die Nachrichten Schuberts in Bd. XI. S. 217 der Rosenkranz'schen Ausgabe von Kants Werken.

Nach der Ausgabe von Rosenkranz & Schubert wird im folgenden citiert.

[3]) Die gefühlvolle Seele (nicht Rede) ist die grösseste Vollkommenheit. Fragmente XI, 223.

Genfers. [1]) Doch auch diese will er nicht eher den schönen
Hirngespinnsten beizählen, bis er sie geprüft hat. [2]) Nach
Kants Auffassung ist Rousseau kein Phantast im gewöhnlichen Sinne, sondern ein Enthusiast. Die (gleich zu er-
wähnenden) von B. Erdmann herausgegebenen Reflexionen
lassen es als wahrscheinlich erkennen, dass Kant gerade mit
Rücksicht auf Rousseau über den Unterschied zwischen
Phantast und Enthusiast sich klar zu werden suchte. [3]) Auch
im „Versuch über die Krankheiten des Kopfes"
weist er auf diesen Unterschied hin unter ausdrücklicher
Bezugnahme auf Rousseau mit der Bemerkung, dass ohne
Enthusiasmus niemals etwas Grosses in der Welt sei aus-
gerichtet worden. [4])

In gleicher Weise sind die von B. Erdmann herausgegebenen „Reflexionen Kants" [5]) durch häufige Bezugnahme
auf Rousseau ein Beweis dafür, dass Kant dessen Behauptungen fortgesetzt im Auge behielt und sich mit ihnen aus-
einanderzusetzen trachtete. In seinem Handexemplar von
A. G. Baumgartens Metaphysik (editio IV. Halae 1757)
trug Kant während fast vier Jahrzehnten handschriftliche
Bemerkungen ein, [6]) die uns einen Blick thun lassen in die
Werkstätte seiner Gedanken. Es sind Aufzeichnungen in
der Form, wie sie der Augenblick der Reflexion eingegeben
hat, also unmittelbar dem Gedankengange des Philosophen
entnommen und noch nicht so gefeilt, wie die Veröffent-

---

[1]) Fragmente XI, 240.

[2]) Raisonnement über einen schwärmerischen Abenteurer Jan Paco-
likowicz Idomozyrskich Komarnicki (1764). XI, 198.

[3]) Reflexionen Kants zur Anthropologie p. 118, No. 249 sq.

[4]) Werke VII, 25.

[5]) Reflexionen Kants zur kritischen Philosophie. Aus Kants hand-
schriftlichen Aufzeichnungen, herausgegeben von Benno Erdmann. I. Bd.
1. Heft: Reflexionen zur Anthropologie. Leipzig 1882. Dieselben kommen für die vorliegende Arbeit allein in Betracht. Ferner ist noch er-
schienen: II. Bd. Reflexionen zur Kritik der reinen Vernunft. Leipzig 1884.
Weitere Veröffentlichungen beabsichtigt der Herausgeber einstweilen nicht.

[6]) Reflexionen I. 1, Vorrede pp. 1. 5. 29.

lichung in einem zusammenhängenden Werke es fordert.
Es ist ein wissenschaftliches Tagebuch, das wir vor uns
haben. [1])

Hiernach werden wir mit Recht erwarten, dass Kant auch
in seinen zusammenhängenden Schriftwerken auf Rousseau
Bezug nahm, dass er sich, je nach Lage der Sache, zustim-
mend, ablehnend, weiterbildend gegenüber seinen Lehren
verhielt. Denn die Abhängigkeit Kants von Rousseau dürfen wir nicht zu hoch anschlagen. Keinem fremden Systeme
gegenüber befand sich Kant jemals in Unterordnung; seine
wissenschaftliche Sinnesart war immer kritisch und die
Grundstimmung seines Gemütes stets der Forschungstrieb. [2])

Zuerst hat Konrad Dieterich in besonderer Schrift
über das Verhältnis beider Philosophen zu einander gehandelt in seiner Schrift „Kant und Rousseau". [3]) Indessen setzt
er sich die Aufgabe, ein übersichtliches Gesamtbild der
Kant'schen Welt- und Lebensanschauung ihrem inneren Entwickelungsgange nach vorzuführen. Diese Absicht machte
es notwendig, die Beziehungen Kants zu Rousseau nur
gelegentlich hervortreten zu lassen. Mit Recht hat er darum
den Titel der zweiten Auflage geändert und nennt nunmehr
seine Schrift: „Die Kant'sche Philosophie in ihrer inneren
Entwickelungsgeschichte". II. Teil: Psychologie und Ethik. [4])
Seinen Andeutungen folgend hat Kuno Fischer in der
dritten Auflage seiner Geschichte der neuern Philosophie
(München 1882) an mehreren Stellen auf den Zusammenhang
zwischen Kant und Rousseau hingewiesen. [5]) Endlich hat
H. von Stein in der Deutschen Rundschau, Band LVI.
Juli-September 1888, einen Aufsatz veröffentlicht, der neben

[1]) l. c. p. 30.

[2]) K. Fischer, Geschichte der neuern Philos. III. 116 sq.

[3]) Tübingen (bei Laupp) 1878.

[4]) Der I. Teil, früher „Kant u. Newton", ist jetzt „Naturphilos. und
Metaphysik" betitelt. Die Doppelschrift erschien Freiburg i. B. u. Tübingen,
1885, bei J. C. B. Mohr (Paul Siebeck).

[5]) So namentlich III, 225 sqq.

dem Hinweis auf den wohl zufälligen Zusammenhang in
einigen erkenntnistheoretischen Einzelheiten, namentlich den
Einfluss des Glaubensbekenntnisses des savoyischen Pfarrverwesers auf die Schriften von 1763—66 aufzeigen soll.

Die vorliegende Abhandlung stellt sich die Aufgabe.
Kants Stellung zu Rousseau darzulegen und namentlich zu
zeigen. wie Kant, angeregt durch die Lektüre des „Emil"
und der übrigen Schriften des Genfers, zur Ausbildung und
Befestigung der ihm eigentümlichen Ansichten gelangte.
Denn obschon Kant Rousseaus Ansichten zum Teil als ein
Gemälde der Phantasie und als eine Art Roman ansah, so
erkannte sein scharfer Blick doch das Stichhaltige und Ent-
wickelungsfähige an dessen Lehren. Kants Bemühen ist
demnach darauf gerichtet. die Schriften Rousseaus unter
sich und mit der Vernunft in Übereinstimmung zu bringen.
Wie Descartes zweifelte, um durch seinen methodischen
Zweifel zu fester Gewissheit zu gelangen, so dient für
Kant die Betrachtungsweise Rousseaus zum Richtmaasse.
Nicht zurückgehen in den Naturzustand, sondern auf ihn
zurücksehen sollen wir,[1] um daraus Regeln der Beurteilung und des Verhaltens für die Gegenwart zu gewinnen.

2.

Bereits vor seiner Bekanntschaft mit Rousseau hatte
sich in Kant der kritische Geist bezüglich der bisherigen
Philosophie geregt.[2] Im Jahre 1758 redet er beispielsweise
von der Zwangmühle des Wolf'schen oder eines andern be-
rühmten Lehrgebäudes. auf die alle Gedanken aufgeschüttet
werden müssen. sollen sie nicht als Spreu weggeworfen
werden.[3] Weiterhin heisst es: Wenn in einer philosophischen Frage das einstimmige Urteil der Weisen ein Wall
wäre, über welchen zu schreiten es für ein gleich sträf-
liches Verbrechen mit demjenigen, welches Remus beging.

---

[1] Fragmente XI, p. 233 u. ö.
[2] cf. Fischer, Gesch. d. n. Philos. III. 116 sq.
[3] Lehrbegriff der Bewegung und Ruhe. V. 277.

müsste gehalten werden, so würde ich mir den Vorwitz wohl
vergehen lassen, meinen Einfällen wider das entscheidende
Gutachten des ehrwürdigen grossen Haufens diejenige Freiheit zu erlauben, die durch nichts weiter als durch die gesunde Vernunft gerechtfertigt ist.[1]) Das Gemüt Kants ist
also einigermassen schon vorbereitet für die radikalen An-
griffe Rousseaus auf das Herkömmliche und Bestehende.
Wir werden uns daher nicht allzu sehr wundern, wenn trotz
der grossen Verschiedenheit beider Männer — der eine
feurig und leidenschaftlich, der andere kühl und besonnen;
dieser unstät und nicht ohne sittliche Mängel, jener ein
Muster regelmässigen Lebens und steter Arbeit — Kant die
Schriften Rousseaus, der — wenigstens auf den ersten Blick —
mit allem Herkömmlichen aufräumen wollte und unablässig
die Rückkehr zur Natur predigte, mit grösstem Eifer las
und zum Gegenstande fortgesetzten Nachdenkens machte.

Wie Kant durch Hume aus dem „dogmatischen Schlum-
mer" geweckt wurde,[2]) so wurde er durch Rousseau von
einer einseitigen Schätzung des Kulturmenschen zurück-
gebracht. Durch ihn lernt er den Menschen als solchen
ehren, während er früher allen Wert desselben in die intellektuelle Ausbildung gesetzt hatte.[3])

Im Beginne seiner vorkritischen Periode beschäftigte
sich Kant vorzüglich mit naturwissenschaftlichen Fragen,
die er mit Zuhilfenahme der Newton'schen Principien zu
lösen strebte. In der „allgemeinen Naturgeschichte
und Theorie des Himmels"[4]) versenkt sich sein em-
pfänglicher Geist in die Wunder der Schöpfung und er
wendet auf sie die Worte Hallers an:

> Unendlichkeit. wer misset dich?
> Vor dir sind Welten. Tag' und Menschen Augenblicke!

---

[1]) ibid.

[2]) Prolegomena zu einer jeden künftigen Metaphysik, die als Wissenschaft wird auftreten können. III. p. 9.

[3]) Fragmente XI, p. 240.

[4]) VI. p. 161.

Es ist natürlich, dass einer solchen Betrachtungsweise
der Mensch als ein winziger Punkt erscheinen musste. Er
scheint ihm dazu geschaffen, wie eine Pflanze sich zu er-
nähren, sich fortzupflanzen und endlich zu sterben. Er
steht sogar fast noch unter den übrigen Geschöpfen, weil
er seine Anlagen nicht nur nicht entwickelt — wie es diese
doch thun — sondern sogar missbraucht. Nur durch die
Annahme einer jenseitigen Entwickelung vermag er diesen
Pessimismus zu bannen.[1] Blos die Eitelkeit, meint er,
führt den Menschen, der nur „ein Teil des Ganzen" ist,
dazu, „das Ganze sein zu wollen". Der Mensch ist eben
nur ein Glied der Natur, deren „ganzer Inbegriff ein wür-
diger Gegenstand der göttlichen Weisheit und ihrer An-
stalten ist".[2]

Welche Veränderung geht nun in Kant vor sich?
Rousseau ist für ihn der Sokrates geworden, der die Philosophie auf die Erde herabrief. Der Mensch wird
jetzt auf einmal in den Mittelpunkt der Betrachtung Kants gerückt. Nunmehr ist es für den Menschen
die wichtigste Angelegenheit, zu wissen, wie er seine Stellung in der Schöpfung gehörig erfülle und dass er recht
verstehe, was man thun muss, um ein Mensch zu
sein.[3] Ähnlich hatte Rousseau in seiner Schrift „über die
Ungleichheit" gesagt: „Die Kenntnis des Menschen hat
unter allen seinen Wissenschaften den grössten Nutzen und
ist noch am wenigsten ausgearbeitet worden."[4] Durch
Rousseau angeregt, richtet Kant seine Betrachtung auf das,
was dem Menschen unter allen Umständen und zu allen
Zeiten wesentlich ist, was seine stets gleichbleibende Natur

---

[1] VI, 211.
[2] Geschichte und Naturbeschreibung der merkwürdigsten Vorfälle
des Erdbebens, welches am Ende des Jahres 1755 einen grossen Teil der
Erde erschüttert hat. VI, 266 sq.
[3] Fragmente XI, p. 241.
[4] Oeuvres complètes de J. J. Rousseau, citoyen de Genève. A Basle
1793—95. I, p. 28. Nach dieser Ausgabe wird im folgenden citiert.

ausmacht, im Gegensatze zu den mannigfachen Formen
seiner Erscheinung, die durch die zufälligen und veränder-
lichen Umstände seiner Existenz herbeigeführt werden. Kant
legt sich die Frage vor: „Alles geht in einem Flusse an
uns vorbei und der wandelbare Geschmack und die verschiedenen Gestalten des Menschen machen das ganze Spiel
ungewiss und trüglich. Wo finde ich feste Punkte der
Natur, die der Mensch niemals verrücken kann und wo ich
die Merkzeichen geben kann, an welches Ufer er sich zu
halten hat?" [1]) Gerade so hatte Rousseau gelehrt: „Macht
bei eurem Studium der menschlichen Natur mit dem den
Anfang, was von derselben unzertrennlich ist, kurz mit
allem, worin sich das Wesen der Menschheit am deutlich-
sten darstellt." [2])

Kant selber führt diesen Umschwung seiner Auffassung,
wodurch er den Menschen ehren lernte, auf Rousseau
zurück. Er bekennt von sich, dass er früher geglaubt, in
dem Fortschritte der wissenschaftlichen Erkenntnis bestehe
die Ehre der Menschheit. Jetzt würde er sich für unnützer
als den gemeinen Arbeiter halten, wenn er nicht glaubte,
dass die Wissenschaft dazu diene, die Rechte der Menschheit herzustellen. [3]) Rousseau hat ihm also einen neuen
Weg gezeigt, indem er ihn von den Trugbildern übertrie-
bener Kultur und den ausschweifenden Behauptungen der
Wissenschaft auf die gesunde Natur und die untrügliche
Stimme des Herzens und des Gemütes verwies und ihm den
Blick schärfte für die Schönheit und Würde der menschlichen Natur. [4])

Durch Rousseau wird auf solche Art die Betrachtung
Kants hingelenkt auf das Einfache und Natürliche.

---

[1]) Fragmente XI, p. 241.
[2]) Oeuvres complétes de J. J. Rousseau, citoyen de Genéve. A Basle,
1793—95. [8, 136.
[3]) Fragmente XI, p. 240.
[4]) Beobachtungen über das Gefühl des Schönen und Erhabenen. IV,
p. 412.

Zeugnis legen dafür ab nicht nur die Fragmente, sondern
auch namentlich die „Beobachtungen" und sein „Versuch über die Krankheiten des Kopfes".

Alles, was man wider den Gang der Natur macht, so
lesen wir in den „Beobachtungen",[1] das macht man jederzeit sehr schlecht. Die Natur ist das Urbild alles Schönen
und Erhabenen.[2] Für Kants kritischen Standpunkt, auch
gegenüber Rousseau und schon zu jener Zeit, ist es aber
bemerkenswert, dass s. E. der Wilde sich unter der Natur
des Menschen hält,[3] und dass er auf die Unterscheidung
der rohen von der weisen Einfalt dringt.[4] Die letztere
findet er verwirklicht bei den Griechen und Römern.[5]
Kants Standpunkt hängt zunächst zusammen mit dem verschiedenen Ausgangspunkte der Betrachtung, worüber
er sich in den Fragmenten ausspricht: „Rousseau verfährt
synthetisch und fängt vom natürlichen Menschen an,
ich verfahre analytisch und fange vom gesitteten an."[6]
Ähnlich heisst es in den Reflexionen: „Wenn man die Tier-
heit studieren will, muss man den wilden Zustand unter-
suchen; will man das ganze Eigentümliche der
Menschheit studieren, muss man den gesitteten Zustand, darin sich alle können entwickeln, nehmen."[7] Weiterhin ist dies aber eine im Sinne des Urhebers gelegene
Weiterbildung der Meinung Rousseaus. Zwar geht Kant
hinaus über jene Darstellung Rousseaus, welche in den gesitteten Verhältnissen nur Unheil sieht, nicht aber befindet
er sich im Gegensatz zu der Meinung desselben, wie er sie
im „Emil" ausspricht: „Es giebt eine gewisse Einfachheit

[1] IV. 444.
[2] ibid. 448.
[3] Fragmente XI. p. 248.
[4] Nachricht von der Einrichtung seiner Vorlesungen in dem Winter-
halbjahre 1765/66. I, p. 297.
[5] Beobachtungen IV, p. 461. cf. Fragm. XI. p. 250.
[6] Fragmente XI, p. 226.
[7] I, 1 p. 205 No. 648.

des Geschmackes, welche zu Herzen geht und sich nur in den Schriften der Alten vorfindet. In der Beredsamkeit, in der Poesie, in jedem Litteraturzweige wird Emil die Alten so wiederfinden, wie sie ihm die Geschichte gezeichnet hat: reich an hervorragenden Erscheinungen und nüchtern im Urteil."[1] Und weiterhin: „Im allgemeinen werden die Schriften der Alten dem Geschmacke Emils mehr zusagen als die unsrigen, schon aus dem Grunde, weil die Alten, als die der Zeit nach früheren, der Natur am nächsten kommen."[2] — Allmählich aber trat an die Stelle des Einfachen und Natürlichen eine Verfeinerung, die bis zum Übertriebenen und Verkünstelten fortging und jede andere Gestalt, nur nicht die der Natur, annahm.[3] Erst in seinen Tagen sieht Kant — und Rousseau hat daran mitgeholfen — wieder den richtigen Geschmack am Einfachen und Natürlichen aufblühen.[4]

Hiermit Hand in Hand geht die richtige Schätzung dessen, was zur Natur gehört. Indem er eine solche ermöglicht, ist Rousseau für Kant der Begründer der Theodicee geworden, der in die Welt des Menschen Einheit und Zusammenhang brachte, wie Newton durch seine Entdeckungen die in harmonischer Ordnung nach einfachen Gesetzen verlaufende Bewegung der Himmelskörper aufgezeigt hatte:

„Newton sah zu allererst Ordnung und Regelmässigkeit mit grosser Einfachheit verbunden, wo vor ihm Unordnung und schlimm gepaarte Mannigfaltigkeit anzutreffen waren und seitdem laufen Kometen in geometrischen Bahnen.

Rousseau entdeckte zu allererst unter der Mannigfaltigkeit der menschlichen angenommenen Gestalten die tief verborgene Natur des Menschen und das versteckte Gesetz, nach welchem die Vorsehung durch seine Beobachtungen gerechtfertigt wird. Vordem galt noch der Einwurf des

[1] Oeuvres 9, 199.
[2] „ 9, 201.
[3] Beobachtungen IV, p. 462.
[4] ibid.

Alphonsus und Manes. Nach Newton und Rousseau ist Gott gerechtfertigt und nunmehr ist Popes Lehrsatz wahr."[1]

Fragen wir uns, inwiefern Kant den Manichäismus durch Rousseau für widerlegt hält, so werden wir seine Ansicht zunächst in einem unmittelbar vorhergehenden Ausspruch der Fragmente zu finden haben: „Die Vorsehung ist darin vornehmlich zu preisen, dass sie mit dem jetzigen Zustand der Menschen sehr wohl zusammenstimmt, nämlich dass die läppischen Wünsche derselben nicht der Direktion entsprechen, dass jene für ihre Thorheiten leiden, und dass mit dem aus der Ordnung der Natur getretenen Menschen nichts harmonieren will. Sehen wir die Bedürfnisse der Tiere, der Pflanzen an; mit diesen stimmt die Vorsehung. Es wäre sehr verkehrt, wenn die göttliche Regierung nach dem Wahne des Menschen, so wie er sich ändert, die Ordnung der Dinge ändern sollte. Es ist ebenso natürlich, dass, sofern der Mensch davon abgeht, ihm nach seinen ausgearteten Neigungen alles müsse verkehrt zu sein scheinen." — Der Ausspruch zeigt, dass Kant, wenn er mit Rousseau den Massstab des Einfachen und Naturgemässen anlegt, auch die menschlichen Dinge in harmonischer Ordnung erblickt, ähnlich dem nach bestimmten Gesetzen sich vollziehenden Naturleben. Erst dadurch, dass der Mensch das Naturgemässe überschreitet, entsteht die Disharmonie, die Rousseau mit den Worten beschrieben hatte: „Das Bild der Natur zeigte mir nur Harmonie und Ebenmaass, das des menschlichen Geschlechts stellt sich mir nur als Verwirrung und Unordnung dar! Unter den Elementen herrscht Einklang und die Menschen leben im Chaos! Die Tiere sind glücklich, ihr König allein ist elend!"[2] So hat derselbe Rousseau, der Kants Aufmerksamkeit auf die Schäden des Kulturlebens richtete, ihm zugleich Veranlassung zu gerechter und richtiger Beurteilung gegeben.

[1] Fragmente XI. 248.
[2] Oeuvres 9, 43.

Hiermit in Zusammenhang steht Kants Urteil über die
Bedeutung von Kunst und Wissenschaft. Rousseau
hatte alle Übel in der Menschheit den Künsten und Wissenschaften zugeschrieben: Das frühere Rom war besser als
das gebildete spätere und in Sparta wohnten reinere Sitten
als in Athen. Auch sind alle Wissenschaften aus den
schlechtesten Quellen entstanden. Die Astronomie aus dem
Aberglauben, die Redekunst aus dem Ehrgeiz, die Physik
aus der Neugierde, die Sittenlehre aus dem Stolze, und so
sind auch alle schönen Künste nur dem menschlichen Verderben dienstbar.

Kant verhehlt sich demgegenüber nicht die Schwierig-
keit einer derartigen Untersuchung, welche darin gelegen
ist, dass wir von dem Naturzustande keine rechte Vorstellung
besitzen, weil wir einerseits das Gefühl vom einfachen Vergnügen verloren haben und andererseits allzu leicht geneigt sind, die Schäden unserer dermaligen Zustände auf
den Stand der Natur zu übertragen.[1]) Zunächst dringt Kant
auch hier auf eine genaue Unterscheidung dessen, was der
Natur des Menschen fremd und zufällig ist, von dem, was
ihr gemäss und eigentümlich ist. Mit den andern Geschöpfen haben die Menschen die Hauptbestimmung gemein,
dass sie leben und dass ihre Arten leben. Künste und
Wissenschaften dagegen sind vielen Nationen vergangener
und zukünftiger Zeiten unbekannt und werden auch innerhalb der civilisirten Völker von vielen Einzelnen niemals
gepflegt.[2])

Wollen wir also gerecht bleiben in der Beurteilung
des Menschen, so darf wissenschaftliche und künstlerische
Ausbildung nicht der Massstab sein, nach dem wir ihn
beurteilen. Trotz grosser Verschiedenheiten auf diesem

[1]) Fragmente XI. 225.
[2]) ibid. p. 233.

Gebiete sollen wir die Menschen „mehr als uns gleich" an-
sehen und auch den „gemeinen Wilden" nicht verachten.[1]

Einen weitern Schaden, der aus der Überschätzung
von Kunst und Wissenschaft hervorgeht, erblickt Kant darin,
dass unter solchen Umständen jedermann beflissen ist, sich
den Anschein zu geben, als ob er sie besitze.[2]

Soweit hat Rousseau Recht. Auch darin stimmt Kant
ihm bei, dass in den natürlich-einfachen Verhältnissen wenig
oder gar keine Veranlassung zu krankhaften Übertreibungen
und Abirrungen gegeben sei, wie sie eine gesteigerte intellektuelle Ausbildung hervorzurufen pflegt.[3]

Aber Kant geht weiter als Rousseau. Er ist der Meinung, dass alle Anlagen und Kräfte des Menschen gebie-
terisch ihre Entwickelung fordern. Wir können gar nicht
einmal wollen, so sagt er in späterer Zeit, dass es ein all-
gemeines Naturgesetz sei, dass der Mensch, wie der Südsee-
Einwohner, sein Talent rosten lasse und sein Leben auf
Müssiggang, Ergötzlichkeit, Fortpflanzung, mit einem Worte
auf Genuss zu verwenden bedacht wäre.[4]

Kant kennt demnach auch einen Nutzen der Künste
und Wissenschaften. Mag immerhin Rousseau darin Recht
haben, dass der Ursprung derselben kein guter und lobens-
werter sei, in ihren Wirkungen sind sie doch gut, indem sie
den Menschen weiser und genügsamer machen, indem sie
seine Sittlichkeit fördern und sein Leben mit einer neuen
Zierde umgeben.[5] Die unvermeidlichen Schäden aber, die
sie herbeiführen, finden in ihrer Quelle zugleich auch ihre
Heilung, wie überhaupt die verkehrte Natur in
sich selber die Heilmittel birgt.[6]

---

[1] ibid. XI. p. 236 sq.
[2] Krankheiten des Kopfes. VII, p. 15, und Fragmente XI, p. 237 sq.,
p. 249.
[3] Krankheiten des Kopfes. VII, p. 15.
[4] Grundlegung zur Metaphysik der Sitten. VIII, p. 49.
[5] Fragmente XI, p. 238.
[6] ibid. p. 227 sq. und Beobachtungen IV, 443.

„Guter Jüngling, seien Sie aufrichtig und wahr ohne
Stolz. Lernen Sie die Kunst, auch einmal etwas nicht zu
wissen."[1]) In solchen und vielen ähnlichen Wendungen
macht Rousseau auf die unvermeidliche Grenze aller Erkenntnis aufmerksam. Ähnlich verfährt Kant in den „Träu-
men", wenn er Gelehrsamkeit und Weisheit unterscheidet.
Jene setzt ihrer Begierde nach Erkenntnis keine andere
Grenze als das Unvermögen; die Weisheit aber sucht diejenigen Aufgaben zu lösen, die für den Menschen von Wichtigkeit sind. Fragen, wie die nach der Natur der Seele,
ihrer Unsterblichkeit und ähnliche, fallen für ihn ausserhalb
des Gebietes unserer Erkenntnis, sie stützen sich vielmehr
auf den moralischen Glauben, der jedem Menschen in
jedem Zustande angemessen, keinem Zweifel unterworfen
und völlig ausreichend für unsere praktischen Zwecke ist.[2])
Einfachheit und vorsichtige Beschränkung auch im Gebiete
der Wissenschaft hatte also Kant von Rousseau gelernt.
Zwar hatte Rousseau in seinem „Glaubensbekenntnis
des savoyischen Vikars" Vernunftbeweise für die oben
erwähnten Lehren aufgestellt. Allein dieselben haben, nach
brieflicher Erklärung, nur den Zweck, die Materialisten zu
widerlegen, und empfangen ihre Unüberwindlichkeit allein
durch den innern Beweis des Gefühls, welches bei dem
Schwanken der Vernunft zwischen Für und Wider endgiltig
den Ausschlag giebt.[3])

4.

In seiner Abhandlung „über den Ursprung der Ungleichheit unter den Menschen" hatte Rousseau als Bestimmung des Menschen bezeichnet, dass er, sich selbst überlassen, in einem von ihm so genannten Stande der Einfalt
und Unschuld leben sollte. Im Menschen sieht er ein Tier.

---

[1]) Oeuvres 9, 127.
[2]) Träume eines Geistersehers VII. 106 sq. cf. Fragmente XI, 247.
[3]) cf. Richard Falckenberg. Gesch. der neuern Philos. von Nikolaus
von Kues bis zur Gegenwart. Leipzig 1886. p. 200.

das von einigen Tieren an Stärke, von andern an Schnellig-
keit übertroffen wird, alles zusammen genommen aber am
vorteilhaftesten organisiert ist. Aus der ersten besten Quelle
stillt er seinen Durst und unter derselben Eiche findet er
sein Ruhebett, an deren Früchten er sich vorher gesättigt
hatte. Hiermit sind alle seine Bedürfnisse befriedigt. Wahr-
nehmen und Fühlen, Begehren und Fürchten hat er mit den
Tieren gemein in einem nicht höhern Grade wie diese.
Nachdenken aber wäre für ihn ein widernatürlicher Zustand,
und der Mensch, der sich in Betrachtungen vertieft, ist ihm
ein aus der Art geschlagenes Tier. Nur darin besteht allen-
falls ein Unterschied zwischen Mensch und Tier, dass letz-
teres durch den Instinkt beherrscht ist, der Mensch aber
sich einer gewissen Freiheit des Handelns zu erfreuen hat.
Seine Begierden aber gehen nicht weiter als seine physi-
schen Bedürfnisse.

Eisen und Getreide machten den Menschen gesittet,
richteten aber das menschliche Geschlecht zu Grunde. Sowie der Mensch gesellig wird, so wird er schwach, feige
und kriechend. Seine weichliche und verzärtelte Lebensart
entnervt endlich völlig seinen Mut und seine Stärke. Am
meisten tragen zur Ungleichheit bei Eigentum und Gesetze.
Der Erste, der ein Stück Land umzäunte, sich in den Sinn
kommen liess zu sagen: „Dieses ist mein", und einfältige
Leute traf, die es ihm glaubten, war der wahre Stifter der
bürgerlichen Gesellschaft. Wie viel Laster, wie viel Krieg,
wie viel Mord, Elend und Greuel hätte einer nicht verhüten können, der die Pfähle ausgerissen, den Graben ver-
schüttet und seinen Nebenmenschen zugerufen hätte: Glaubet
diesem Betrüger nicht; ihr seid verloren, wenn ihr vergesset,
dass die Früchte euch allen, der Boden aber niemanden
gehört! Je mehr das Menschengeschlecht sich ausbreitete,
desto mehr wuchsen seine Bedürfnisse. Allmählich entwickeln sich alle unsere Fähigkeiten und Leidenschaften
und machen aus der natürlichen Gleichheit eine unnatür-
liche Ungleichheit, welch letztere durch Eigentum und Ge-

setze dauernd und rechtmässig wird. Diese dem Gesetze
der Natur widerstreitende Ungleichheit wird im Fortgange
der Entwickelung wieder zur Gleichheit, die freilich der
natürlichen geradezu entgegengesetzt ist, indem der Despotismus eines Einzelnen alle und alles beherrscht und unter-
drückt: Ein Kind hat über einen Alten zu befehlen, der
Weise steht unter Anführung eines Blödsinnigen, eine hand-
voll Menschen brüstet sich im Überflusse und eine ausge-
hungerte Menge entbehrt das Notwendigste zum Leben.

Zwei Eigenschaften hatte Rousseau dem Menschen ge-
lassen: das Bewusstsein der Freiheit und die Fähigkeit, sich
zu vervollkommnen. Es ist bezeichnend für die Schwierig-
keit der vollen Durchführung seines Standpunktes, dass sogar Rousseau einen bereits einigermassen entwickelten Zustand als den glücklichsten Zeitpunkt für den Menschen zu-
geben musste, der zwischen der Faulheit des ursprünglichen
Zustandes und der thörichten Wirksamkeit unserer Eigenliebe die wahre Mitte hält.

Wie verhält sich nun Kant dieser vernichtenden Kritik
gegenüber? Kritisch. Ausdrücklich weisen die Fragmente
darauf hin, dass er die Theorie Rousseaus zum Gegenstande
seines Nachdenkens gemacht. Das „arkadische Schäferleben“,
wie es jener empfiehlt, bezeichnet er als ebenso abgeschmackt
und unnatürlich als unser geliebtes Hofleben. [1]) Dient das
Vergnügen zur Erholung von der Arbeit, so ist es dauer-
haft und gut, macht man es zur Beschäftigung, so wird es
lästig und zum Überdruss. — Auch weist er darauf hin,
dass nicht n u r Schlimmes aus unsern gesitteten Verhältnissen sich ergiebt, wie Rousseau zu behaupten scheint.
Aus den unnatürlichen Begierden entspringt die Veranlassung
zur Tugend, überhaupt, wie die Natur Schwielen bei harter
Arbeit hervorbringt, so schafft sie in ihren Verletzungen
selbst die Gegenmittel. [2])

---

[1]) Fragmente XI. p. 245.
[2]) Beobachtungen IV, 143 und Fragmente XI, 227 sq.

Welche Bedeutung hat also die Argumentation Rousseaus? Dieser hatte in seiner Abhandlung über die Ungleichheit behauptet, gerade so, wie der einzelne Mensch bei einem bestimmten Alter stehen bleiben möchte, so solle seine Betrachtung dazu dienen, das Alter ausfindig zu machen, bei welchem wir wünschen, dass das ganze Geschlecht stehen geblieben wäre. Diese Gesinnung bezeichnet er als eine Lobrede für unsere Vorfahren, eine Kritik über unsere Zeitgenossen und einen Schrecken für diejenigen, die das Unglück haben werden, nach uns zu leben. Kant entscheidet sich folgendermassen:[1] Jene Betrachtung dient zum Richtmaasse. Wir sollen nicht in die Wälder zurückgehen, sondern nur dahin zurücksehen. So werden wir die Vorzüge und Nachteile des Naturzustandes in gleicher Weise erkennen und beurteilen, wie die guten und die schlimmen Seiten unserer gesitteten Verfassung. Diese Betrachtung führt uns dazu, gesittete Menschen der Natur zu werden und zu bleiben, während der Wilde Rousseaus sich unter der Natur des Menschen hält.[2]

Kant hat damit die wahre Meinung Rousseaus getroffen. Dieser lehrt nämlich dasselbe im „Emil" mit dem Hinweise darauf, dass ein grosser Unterschied besteht zwischen einem naturgemäss im Naturzustande und einem naturgemäss in gesellschaftlichen Verhältnissen lebenden Menschen. Emil ist kein Wilder, der seinen Aufenthaltsort, in den Wäldern suchen muss, er ist vielmehr ein Wilder, der bestimmt ist, in den Städten zu wohnen, d. h. in Kants Sprache, ein gesitteter Mensch der Natur zu sein. In den Städten muss er seines Lebens Notdurft und Nahrung zu finden wissen; von ihren Einwohnern muss er Nutzen ziehen und er ist gezwungen, wenn auch nicht wie sie, doch wenigstens mit ihnen zu leben.[3] — Man erkennt, dass beide Schrift-

---

[1] Fragmente XI, 233.

[2] Fragmente XI, 248.

[3] Oeuvres 8, 100.

steller im Resultate zusammentreffen, dass also nach Kants
Auffassung Rousseaus Betrachtungsweise in der „Ungleich-
heit" eine theoretische war, wodurch er sich den Weg zur
Darstellung seiner wahren Meinung frei machen wollte.

Welches die wahre und eigentliche Meinung Rousseaus
ist, die mit den von Kant gebotenen Bemerkungen überein-
stimmt, ersieht man deutlich aus den Worten, mit denen er
seine Schrift über die Ungleichheit der Republik zu Genf
widmet. „Wie kann ich," so sagt er in der Vorrede, „der
ich das Glück habe, unter euch geboren zu sein, über die
Gleichheit unter den Menschen, die sich von der Natur her-
schreibt, und die Ungleichheit, welche sie selbst eingeführt
haben, Betrachtungen anstellen, ohne an jene wunder-
bare Weisheit zurückzudenken, durch welche beide in
diesem Staate (Genf) so glücklich vereinigt sind und
dabei zur Aufrechterhaltung der allgemeinen Ordnung und
zur Glückseligkeit aller Einwohner so vortrefflich zusammenstimmen, dass die Einrichtung dem natürlichen Gesetze am nächsten kommt und der Gesellschaft den grössten Vorteil bringt!"[1] Weiterhin bezeugt
Rousseau seiner Vaterstadt, dass sie aus den gesellschaftlichen Verhältnissen den grössten Vorteil zu ziehen und den
Missbräuchen am geschicktesten vorzubeugen verstanden habe.
Diese Äusserungen zeigen die Berechtigung Kants zu seiner
eben dargelegten Auffassung und Deutung der Lehren
Rousseaus.

Im Jahre 1786 nahm Kant Veranlassung, die in den
Fragmenten zerstreut niedergelegten Ansichten zusammen-
hängend vorzutragen in der kleinen Schrift „über den mut-
masslichen Anfang der Menschengeschichte"[2],
also ein ähnliches Thema zu behandeln, wie mehr als dreis-

---

[1] Discours sur l'origine et les fondements de l'inégalité parmi les
hommes. — Oeuvres 1, 9—10.
[2] Werke VII, p. 365 sqq.

sig Jahre früher Rousseau in seiner Schrift über die Ungleichheit.

Rousseau bekennt, dass er einen Zustand ergründe, der nicht mehr zu finden, vielleicht niemals dagewesen ist und auch künftighin, allem Anscheine nach, nie vorkommen wird. Ähnlich bezeichnet Kant seine Darstellung als eine mutmassliche Geschichte. Seine Untersuchungen sollen nicht historische Wahrheiten ans Licht bringen, sondern er will sie als Hypothesen angesehen wissen, denen zu vergleichen, womit die Naturforscher mehr die Natur der Dinge beleuchten, als ihren wahren Ursprung zeigen.

Der Ausgangspunkt der beiderseitigen Betrachtungsweise aber ist verschieden. Rousseau geht bis zu dem Zustande zurück, in welchem der Mensch noch dem Tiere glich; Kant nimmt den Menschen, der schon reden und denken konnte, aber, noch durch den Instinkt geleitet, insofern unter dem Gesetze der Natur stand. Sobald aber die Vernunft anfing sich zu regen, kam der Mensch zur Einsicht, dass er nicht an den Instinkt gebunden, sondern frei sei. Weiterhin entwickelten sich seine Sittlichkeit, die Sorge für die Zukunft und die Erkenntnis, dass er und seines Gleichen Zweck der Natur seien. — Ist die Vernunft einmal in Thätigkeit gesetzt, ist der Schritt aus dem Gängelbande des Naturinstinkts in das Reich der Freiheit einmal gethan, so schreitet die menschliche Entwickelung unaufhaltsam fort. So sehr auch seine Einbildungskraft dem Menschen ein Paradies vorgaukeln mag, wo er in Unthätigkeit sein Dasein verträumen könnte, die Vernunft lässt ihn nicht zurückkehren, sondern führt ihn rastlos strebend vorwärts. Wäre aber auch eine solche Rückkehr möglich, so könnte sich der Mensch auf die Dauer doch nicht in dem wiedererlangten Naturzustande der Einfalt und Unschuld behaupten, vielmehr würde seine Entwickelung wieder von neuem beginnen.

Durchaus verschieden aber — wenigstens auf den ersten Blick — beurteilen beide Schriftsteller die Frage, ob der

Mensch durch seine Entwickelung verloren oder gewonnen
hat. Rousseau scheint geneigt, sich dahin zu entscheiden,
alles Unglück auf das Verlassen des Naturzustandes zurück-
zuführen. Kant verfährt behutsamer. Nach seiner Darlegung kann die Frage, ob der Stand der Wildheit und Einsamkeit der wahre natürliche Stand des Menschen und der
Mensch in diesem Stande glücklicher als im bürgerlichen
Leben sei, von einem doppelten Gesichtspunkte aus betrachtet und beantwortet werden.

Rousseaus Fehler beruht darin, dass er diesen Unterschied nicht deutlich hat hervortreten lassen. Ist die Rede
vom einzelnen Menschen, so leidet es keinen Zweifel, dass
tausende unglücklicher Bürger als Wilde (etwa als Hotten-
totten oder Karaiben) glücklicher sein würden. Ist aber
die Rede vom ganzen menschlichen Geschlechte, solches in
seiner ganzen Dauer und Ausdehnung betrachtet, so lässt
sich eine solche Vergleichung gar nicht anstellen, sondern,
da die Bestimmung der Gattung im Fortschreiten zur Vollkommenheit besteht, so gingen die Menschen naturnotwendig
in den Stand der Geselligkeit über.[1] Gerade die Natur,
über deren Verlassen Rousseau so sehr klagt, ist es also,
die den Menschen drängt, aus dem Naturzustande heraus-
zutreten; gerade sie ist es, die die Ungleichheit unter den
Menschen herbeiführt, eine Ungleichheit, die zwar viel Böses
hervorruft — darin hat Rousseau Recht —, aber auch die
Quelle alles Guten wird, was jener übersehen.[2]

---

[1] cf. Reflexionen I, 1 p. 214 sq. No. 680: Hierbei aber konnte es
nicht geschehen, dass jedes Individuum die Bestimmung seines Daseins
erreichte, also blieben immer Mängel. Nur die Gattung sollte sie erreichen.

[2] cf. Reflexionen I. 1 p. 212 No. 674: So wie die Bäume im Walde
nur dadurch, dass sie dicht neben einander stehen, gerade wachsen
und hoch, weil, da sie sich die Luft zur Seite benehmen, sie solche in
ihrer Erhebung über dem Boden und im Aufwärtssteigen suchen müssen.
Sie schützen sich vor Winden und erhalten jeder den Schatten sowohl als
die Wärme und pflegen besser ihre junge Zucht — und sich doch selbst

Auf diese Weise sind. wie Kant ausdrücklich bemerkt, die dem Scheine nach einander widerstreitenden Behauptungen Rousseaus unter sich und mit der Vernunft in
Einklang zu bringen. Zeigte er im „Einfluss der Wissenschaften" und in der „Ungleichheit" die Schäden unserer
Kultur im Gegensatz zur Natur, so bildet diese Darlegung
die Grundlage für seine Betrachtung, in welcher Weise die
Schäden der Kultur beseitigt werden können dadurch, dass
die Kultur eine Wendung nimmt und eine Richtung ein-
schlägt, in der „vollkommene Kunst wieder Natur" wird,
somit der jetzt noch bestehende Widerstreit zwischen dem
thatsächlichen Zustande und dem Ziele des ganzen Menschen-
geschlechtes aufhört.

Dass ein solcher Widerspruch zur Zeit noch besteht,
zeigt Kant an mehreren Beispielen.[1] — Die Mannbarkeit
tritt im Naturzustande früher ein, als sich mit unsern jetzigen Verhältnissen verträgt. Die Zwischenzeit wird dermalen
zumeist durch Laster ausgefüllt. Aber unauflöslich ist dieser
Widerstreit nicht, wenn es auch erst einer vollkommenen
bürgerlichen Verfassung gelingen wird, ihn auszugleichen.[2]

Platz schaffen, so werden Menschen im Naturzustande krumm
und krüppelhaft, aber in bürgerlicher Gesellschaft gerade.
Sie müssen sich unter einander bilden und ziehen.

[1] Mutmassl. Anfang, VII, 374 sq.

[2] cf. Reflexionen I, 1 p. 207 No. 659: Die Natur setzte die Mündig-
keit des Menschen so früh, damit die Art schnell und zahlreich erzeugt
würde. Dieses Alter war auch dem Zustande der einfältigen Natur wohl
angemessen. Allein die Fortpflanzung musste doch in der Beschwerlich-
keit dieses Zustandes wenig zahlreich sein. Im bürgerlichen Zustande
kommt der Zeitpunkt der Fortpflanzung der Art später. aber die Mittel,
sie zu erhalten. sind besser. Also wird der Natur Gewalt gethan in Ansehung der Mittel. aber doch ein Genüge in Ansehung des Zweckes.
Rousseau meinte. das erstere zeige, dass die bürgerliche Gesellschaft von
der Bestimmung der Natur abweiche. Aber es gehört zur Naturbestimmung sowohl die tierische Einrichtung, als die Kunst, welche ihr Zwang
anthut, indem sie die hohen Zwecke der Menschheit vor Augen hat. Die
Erziehung geht also darauf. die Naturbestimmung mit der bürgerlichen
auf die bestmögliche Art zu vereinigen.

Rousseau hat ferner Recht, wenn er über die Ungleichheit des allgemeinen Menschenrechts bittere Klage führt.
Jeder Mensch ist ein mit Vernunft und Freiheit begabtes
Wesen, das diese Eigenschaften zur Entwickelung und Vollendung bringen soll. Indem aber der Mensch die Bestimmung hat, aus der Rohigkeit seiner Naturanlage durch selbst-
eigene Thätigkeit sich herauszuarbeiten, andererseits aber
auch diese Naturanlage nicht verletzen soll, so ist es un-
vermeidlich, dass er dabei viele falsche Schritte thut und
durch Unkenntnis sich viele Übel zufügt, bis seine Aufgabe
endlich völlig gelöst ist. [1]

Unleugbar sind endlich die K r i e g e und namentlich
die stets zunehmenden Kriegs r ü s t u n g e n eine drückende
Last und eines der grössten Übel für die Völker. Der
Kulturarbeit werden die besten Kräfte entzogen, die per-
sönliche Freiheit wird beschränkt, die Fürsorge für die
Bürger verwandelt sich in Forderungen, die mit unerbitt-
licher Strenge auftreten. Wenn wir aber auch davon ab-
sehen, dass in einer fortgeschrittenen Zeit einmal die Kriege
ganz aufhören werden, so weist doch schon unter unsern
dermaligen Verhältnissen die ruhig abwägende Betrachtung
darauf hin, dass auch dieser Zustand sein Gutes hat, indem
er die einzelnen Stände einander näher bringt und namentlich den Despotismus verhindert, da die Regenten der
Staaten schon in ihrem eigenen Interesse die Achtung für
die Menschheit in ihrem Verhalten gegen die Bürger be-
thätigen werden.

– – –

[1] cf. Reflexionen I, 1 p. 214 No. 680: Auf unserer Erde ist die
Einrichtung getroffen, dass wir alles Gute, sowohl in uns selbst, als in
unserm äussern Zustande, selbst die Kenntnis des Guten und die Lust
und das Wohlgefallen daran, aus uns selbst hervorbringen sollten. Da
war es denn unmöglich, dass wir durch Annehmlichkeiten gelenkt würden.
Denn dann hätten wir das Gute voraus schon kennen müssen und auch
Lust dazu haben (wir sollten uns aber selbst durch Kultur zu unserer
Bestimmung bringen). Also musste Thätigkeit der Lauf unserer Bestimmung sein, der Stachel der Thätigkeit aber Schmerz.

Auf solche Weise hat Kant die negative Darstellung
Rousseaus positiv weitergebildet. Es widerstreitet nicht,
wie letzterer gelehrt, die Entwickelung des menschlichen
Geschlechts der Natur desselben, vielmehr verweist gerade
diese unwidersprechlich auf diesen Weg. Hatte Rousseau
seine Darstellung als eine Kritik der Gegenwart bezeichnet,
so konnte, wie oben gezeigt, Kant ihm zur Hälfte bei-
stimmen. Dasselbe war der Fall gegenüber dem einseitigen
Lobe der Vergangenheit. Bezeichnet aber Rousseau seine
Argumentation als einen Schrecken für die Zukunft, so will
Kant umgekehrt durch seine Darstellung Zufriedenheit mit
der Vorsehung und dem Gange der menschlichen Dinge im
Ganzen bewirken, indem er zeigt, dass das Heraustreten
aus dem Naturzustande kein Abfall von der Bestimmung
des Menschen ist, dass vielmehr gerade darin seine Aufgabe
besteht, dass ferner die Geschichte von unten nach oben,
vom Schlechtern zum Bessern, wenn auch nur allmählich
und nur in Anbetracht der Gattung, sich entwickelt, eine
Entwickelung, die nach Kräften zu unterstützen die Natur
selber uns berufen hat. Kurz, Natur und Kultur sind
keine Gegensätze, die Kultur ist vielmehr in
ihrer Vollendung die veredelte Natur.

5.

Zwei Jahre früher schon (1784) hatte Kant es unternommen, in seiner Schrift „Idee zu einer allgemeinen
Geschichte in weltbürgerlicher Absicht"[1] ein
Mittel der Geschichtsdarstellung zu bieten, wodurch die
negativ ausgesprochenen Gedanken Rousseaus positiv weitergebildet werden könnten.

Wenn auch der Entwickelungsgang der Menschheit auf
der Arbeit des Einzelnen beruht, so tritt diese Arbeit doch
zumeist nicht planmässig und vollbewusst auf. Man kann

---

[1] Werke VII p. 317 sqq.

sich daher eines gewissen Unwillens, von dem auch
Rousseau ergriffen wurde, nicht erwehren, wenn man das
Thun und Lassen der Menschen im Grossen betrachtet, das
aus Eitelkeit, Bosheit und Zerstörungssucht zu bestehen
scheint.

Bisher hat noch ein Kepler und Newton für die Geschichte gefehlt. Allein was hilft es, die Herrlichkeit und
Weisheit der Schöpfung im vernunftlosen Naturreiche zu
preisen, wenn der wichtigste Teil der Schöpfung — das
vernünftige menschliche Geschlecht — in seiner Geschichte
dagegen ein fortwährender, nicht zu beseitigender Einwurf
bleiben soll. Was aber Newton durch seine Gravitations-
mechanik, die Einfachheit und Ordnung in die vorher ganz
ungeregelte Naturerkenntnis brachte, für den Bau der Welt
geleistet hat, das entdeckte Rousseau — oder er bereitete
vielmehr die Entdeckung, die vollständig erst Kant gelungen
ist, vor — für die Natur des Menschen. Rousseau positiv
ergänzend und weiterbildend zeigt Kant in der hier zu be-
sprechenden Schrift den Standpunkt, von welchem aus wir
unsere Geschichte betrachten müssen, um Einheit und Zu-
sammenhalt in dieselbe zu bringen und in ihr die Anordnung
eines weisen Schöpfers zu erkennen und nicht — wie Manes
einst in seinem Dualismus gelehrt — die Hand eines bös-
artigen Geistes, der das Werk Gottes verdorben hat. Auch
hier trifft also die Parallele zu, die Kant zwischen Newton
und Rousseau in den Fragmenten gezogen hatte, indem er
beide als Begründer der Theodicee erklärte.

Rousseau hatte dem Menschen die Perfektibilität ge-
lassen. Hier knüpft Kant an, indem er die Absicht der
Natur nachweist, wie die Anlagen eines jeden Geschöpfes,
so auch die des Menschen vollständig zu entwickeln, wozu
freilich das Leben des Einzelnen nicht ausreicht. Alles, was
Rousseau so sehr beklagt: Eitelkeit, Habsucht, Herrsch-
sucht, dienen diesem Zwecke. Ohne diese an sich zwar
nicht liebenswürdigen Eigenschaften würden alle Talente
ewig unausgebildet bleiben. Dank sei also der Natur für

die Unvertragsamkeit, für die missgünstig wetteifernde Eitelkeit, für die nie zu befriedigende Begierde zum Haben und
zum Herrschen!

Denn nicht Glückseligkeit, wie Rousseau gelehrt, ist
das Ziel der Menschheit, vielmehr ist bei Auffassung und
Darstellung ihrer Geschichte die Idee des Rechtes zu Grunde
zu legen. Das grösste und schwerste, daher auch erst spät
zu verwirklichende Problem nämlich ist die Errichtung der
bürgerlichen Gesellschaft, die Freiheit und Autorität mit
einander verbindet und so die Keime der Natur vollständig
und harmonisch entwickelt. [1])

Zum geordneten Fortbestande durch das Recht geregel-
ter staatlicher Verhältnisse aber ist es nötig, dass die einzelnen Staaten nicht im Naturzustande gegen einander
verharren, sondern einen Völkerbund schliessen. So schwär-
merisch also der diesbezügliche Vorschlag Rousseaus auch
scheinen mag, die ruhig abwägende Überlegung zeigt, dass
zwar Rousseau dem wirklichen Gange der Dinge voraus-
geeilt ist, wenn er einen solchen Bund in absehbar naher
Zeit erwartete, dass aber seine Klagen völlig berechtigt
sind, wenn wir nicht diese letzte Stufe noch erreichen. Wir
befinden uns indessen erst auf dem Wege dazu; viele, aber
noch lange nicht alle Schritte sind zu diesem Ziele hin gethan. Wir sind kultiviert und civilisiert, aber für morali-
siert dürfen wir uns noch nicht halten. Vielmehr sind die
Staaten zur Zeit noch von der Selbstsucht, die wahre moralische Bildung ausschliesst, geleitet, und die Menschheit
wird wohl noch lange in diesem Zustande verbleiben. Den-

---

[1]) cf. Reflexionen I. 1 p. 112 No. 226: Die menschliche Natur stürzt
sich lieber in Irrtümer als Unwissenheit, lieber in Gefahr als Unschlüs-
sigkeit, lieber in Sorgen und Bekümmernisse als Genügsamkeit und Ent-
haltung; und p. 151 No. 406: Es gehört zu den geheimen Antrieben,
unsere Natur zu veredeln, dass man alle Vermengung unserer Gattung
mit dem Tiergeschlechte zu verdecken oder zu verzieren sucht, um nicht
eine gar zu niedrige Meinung von uns selbst einreissen zu lassen.

noch ist ein derartiger „philosophischer Chiliasmus" keine
leere Schwärmerei, sondern in der Idee des Menschen fest
begründet, wenn schon deren Verwirklichung noch lange
dauern wird. Wie das menschliche Geschlecht beständig
fortschreitet in Ansehung der Kultur, so ist es auch im
Fortschreiten zum Bessern in Ansehung des moralischen
Zweckes seines Daseins begriffen, ein Fortgang, der zwar
bisweilen unterbrochen, aber niemals abgebrochen werden
kann.[1] — Von wenigen Einzelheiten anhebend, entdeckte
Newton die Verhältnisse des gesamten Fixsternhimmels; von
schwachen Spuren der Annäherung an eine vollkommene
Staatsverfassung ausgehend, erkennt Kant, durch Rousseau
geleitet, das Gesetz, dessen Erfüllung die Menschheit an-
strebt. Ist die Erfüllung erreicht, dann ist vollkommene
Kunst wieder Natur geworden und die Vorsehung steht
gerechtfertigt da.[2] — Im Gegensatz zu diesem erfreulichen
Resultate hatte Rousseau seine Betrachtung über die Ungleichheit mit dem Hinweis auf eine allgemeine Verderbnis
geschlossen, welcher Darstellung Kant auf die eben an-
gegebene Weise die rechte Richtung gegeben hat.

Beiläufig mag erwähnt werden, dass in dieser Entwickelung Kant, unter Hinweis auf Rousseau, dem deutschen Volke eine besondere Stelle anweist, indem wir in
den Reflexionen lesen[3]: „Die Deutschen hängen nicht am
Boden, sondern verpflanzen sich leicht allerwärts; sie sind
kosmopolitisch aus Temperament und hassen kein Volk, als
höchstens zur Wiedervergeltung. Haben sie nicht viel Genie,
so haben sie gute Urteilskraft, die Produkte desselben zu
nützen. Sind sie nicht blendend durch Neuigkeit, so sind sie
tüchtig durch Stetigkeit. Sie sind gemacht, das Gute
aller Nationen zu sammeln und zu vereinbaren

---

[1] Über den Gemeinspruch: Das mag in der Theorie richtig sein,
taugt aber nicht für die Praxis. VII. p. 222.

[2] Idee zu einer allgemeinen Geschichte in weltbürgerlicher Absicht. VII, p. 234.

[3] I. 1 p. 200 No. 623.

und nehmen alle gleich willig auf. Ein Völkerbund, der allgemein werden kann." (Rousseau. [1])

Und Kant lässt sich nicht irre machen, wenn auch
die Hoffnung einer Herbeiführung des „höchsten politischen
Gutes", des „ewigen Friedens" als eine unausführbare Idee
jederzeit ist verlacht worden. Solchen Zwangsgesetzen, wie
sie der ewige Friede notwendig machte, könnte man sagen,
werden sich die Staaten doch niemals unterwerfen. Der
Vorschlag zu einem allgemeinen Völkerstaat mag in der
Theorie Rousseaus noch so artig klingen, für die Praxis
und die Wirklichkeit ist er wertlos. Vielmehr bleibt Kant
auch in kosmopolitischer Rücksicht bei der Behauptung:
Was aus Vernunftgründen für die Theorie gilt, das gilt
auch für die Praxis. [2]) Kant hält fest an dem Glauben
an diesen kosmopolitischen Fortschritt. Es ist zu erwarten,
dass — selbst ohne oder wider den Willen der Menschen —
die Verhältnisse die einzelnen Staaten nötigen werden, zu
einander in ein rechtlich geordnetes Verhältnis zu treten
und einen Friedensbund freier Völker zu stiften. Und für
so versunken im Bösen kann und will Kant die menschliche Natur nicht halten, dass die fortschreitende sittliche
Entwickelung nicht auch im völkerrechtlichen Leben ihre
Wirkung ausüben werde.

Die Vernunft gebietet und die Natur nötigt die einzelnen Staaten, in weltbürgerliche Beziehungen zu treten.
Darum kann hinsichtlich der Ausführbarkeit der kosmopolitischen Idee kein Zweifel walten. Theorie und Praxis
stehen nicht im Gegensatze, sondern im Einklang. — Kant
hat sich die Mühe nicht verdriessen lassen, einen philosophischen Entwurf „zum ewigen Frieden" (1795)
zu fertigen, um den Nachweis für die Ausführbarkeit seiner
Idee zu liefern. Bei Kant tritt dieser Gedanke auf im Zu-

---

[1]) cf. l. c. p. 200 No. 624: Vom deutschen Nationalgeist.

[2]) Über den Gemeinspruch: Das mag in der Theorie richtig sein,
taugt aber nicht für die Praxis. VII. p. 228.

sammenhange eines tiefdurchdachten Systems, ohne alle
Schwärmerei, ohne alle weichliche Philanthropie, die beide
der Philosophie und dem Charakter Kants so fern liegen,
wie sie der Geistesrichtung Rousseaus eigentümlich sind.[1]
Die erwähnte Schrift[2] behandelt ausführlich die Präliminar-
und Definitivartikel zum ewigen Frieden und gipfelt in dem
Nachweis, dass die grosse Künstlerin Natur (natura dae-
dala rerum] selber es ist, welche durch ihre Veranstal-
tungen in dem Mechanismus der menschlichen Neigungen
dafür gesorgt hat, dass wir dem ewigen Frieden uns mehr
und mehr nähern, wenn wir auch diese Idee nie vollkommen
realisieren können.

6.

Vielleicht kein Philosoph seit Sokrates fasst die Moral
ernster auf als Kant. „Zwei Dinge erfüllen das Gemüt,"
so lesen wir in der Kritik der praktischen Vernunft.[3] „mit
immer neuer und zunehmender Bewunderung und Ehrfurcht,
je öfter und anhaltender sich das Nachdenken damit be-
schäftigt: der bestirnte Himmel über mir und das moralische
Gesetz in mir." Und an einer andern Stelle derselben
Schrift[4] ruft er aus: „Pflicht! du erhabener grosser Name,
der du nichts Beliebtes, was Einschmeichelung bei sich
führt, in dir fassest, sondern Unterwerfung verlangst, doch
auch nicht drohest, was natürliche Abneigung im Gemüte
erregte und schreckte, um den Willen zu bewegen, sondern
blos ein Gesetz aufstellst, welches von selbst im Gemüte
Eingang findet und doch sich selbst wider Willen Verehrung
(wenn gleich nicht immer Befolgung) erwirbt, vor dem alle
Neigungen verstummen, wenn sie gleich im Geheim ihm

---

[1] K. Fischer, Geschichte der neueren Philos. 4. Bd. (Imm. Kant und
seine Lehre II. Teil) p. 165.
[2] Werke VII. p. 231 sqq.
[3] Werke VIII. p. 312.
[4] ibid. p. 211.

entgegen wirken: welches ist der deiner würdige Ursprung
und wo findet man die Wurzel deiner edlen Abkunft, welche
alle Verwandtschaft mit Neigungen stolz ausschlägt, und von
welcher Wurzel abzustammen die unnachlassliche Bedingung
desjenigen Wertes ist, den sich Menschen allein selbst geben
können?"

Getreu seiner Grundanschauung von der ursprünglich
wesenhaften Gutartigkeit der menschlichen Natur, die erst
durch unsere kulturellen Verhältnisse verdorben ist, hatte
Rousseau das Sittliche in der Welt des Herzens und des
Gemütes gesucht und die Moral auf das Gefühl gegründet.
Er entnimmt die Principien derselben durchaus nicht einer
erhabenen Philosophie, sondern findet sie im Grunde seines
Herzens von der Natur mit unauslöschlichen Zügen einge-
graben. Alles, von dem unser Gefühl sagt, dass es schlecht
ist, ist auch wirklich schlecht; alles, was unser Gefühl gut
nennt, ist auch wirklich gut.[1] Sein Roman: Die neue
Heloise hat den Zweck zu zeigen, dass das von der Liebe
zur Tugend erfüllte Herz alle, auch die grössten Versuch-
ungen überwindet und seine Pflichten erfüllt, dass es bei
vorübergehenden Verirrungen dennoch gut bleibt und stets
den rechten Weg wieder findet.

Anfänglich suchte auch Kant die Grundlage des Sittlichen noch im Gefühl und erklärte die obersten Grundsätze desselben für unerweislich. „Es giebt," so äussert er
sich in der Abhandlung über die Deutlichkeit der
Grundsätze der natürlichen Theologie und der
Moral, „ein unauflösliches Gefühl des Guten; der Verstand
hat nur zu zeigen, wie der Begriff des Guten aus den einfachen Empfindungen des Guten entspringt."[2]

Aber eine derartige Gefühlsmoral, die, wie das Beispiel
ihres Urhebers deutlich zeigt, nur allzu leicht und gar zu

---

[1] Oeuvres 9, 62.
[2] Untersuchung über die Deutlichkeit der Grundsätze der natürlichen Theologie und der Moral. (1763.) I, p. 109.

oft in Sentimentalität ausartet, konnte Kant auf die Dauer
nicht befriedigen, wenn auch die Lektüre Rousseaus im Anfang auf ihn einen so mächtigen Eindruck machte, dass er
nur mit Mühe das ruhige kritische Urteil sich bewahrte.[1]
Es ist wahrscheinlich, dass neben andern Umständen gerade
die Opposition gegen Rousseau Kants Morallehre bestimmt
hat. Beide suchen das rein und wahrhaft Menschliche,
beide finden es im Gebiete des Sittlichen. Aber die Quelle
des Sittengesetzes ist bei Rousseau das Gefühl, bei Kant
die Vernunft des Menschen. Der aus der Vernunft ent-
springende kategorische Imperativ flösst dem Menschen das
Gefühl der Achtung ein. Bei Rousseau ist das Gefühl also
Quelle oder Ursache des Sittengesetzes, bei Kant aber Folge
desselben.

In den Reflexionen schreibt Kant dem Gemüte keinen
eigenen Wert zu, vielmehr komme alles auf die richtige
Leitung an.[2] Ueberhaupt zeigen die Reflexionen, dass er
sich eingehend mit dieser Frage befasste. Die Anpreisungen
des guten Herzens sind ihm eine rechte Nahrung für die
Eigenliebe und verleihen dem Menschen in seinen Augen einen
ganz unverdienten Wert. „Die Lobredner des guten Herzens müssen nicht die Rechtschaffenheit für so etwas Gemeines
halten."[3] Die vielen Anpreisungen der Gutherzigkeit ver-
hindern geradezu das Gemüt, einen Charakter anzunehmen.[4]
Denn die Moralität besteht keineswegs in der Gutartigkeit
des Herzens, sondern in dem guten Charakter, und den soll
sie bilden.[5] Der Mensch kann ein gutes Herz haben, aber
doch keinen Charakter, weil er von Anwandlungen abhängt

---

[1] cf. Fragmente XI. p. 232 sq. Ich muss den Rousseau so lange
lesen, bis mich die Schönheit des Ausdruckes gar nicht mehr stört und
dann kann ich allererst ihn mit Vernunft übersehen.

[2] cf. insbesondere I, 1 p. 165 No. 461 und No. 464.

[3] I, 1 p. 166 No. 468. cf. Beobachtungen über das Gefühl des Schönen
und Erhabenen IV. 410 sqq.

[4] Refl. I, 1 p. 176 No. 512.

[5] ibid. p. 178 No. 519.

und nicht nach Maximen handelt.[1]) Dass Kant auch hier
die richtige Mitte trifft, zeigt die Refl. p. 195 No. 603, worin
er vor Überschätzung des guten Herzens warnt, dasselbe
aber auch nicht zu gering angeschlagen, viel weniger ver-
ächtlich gemacht wissen will.

Der Annahme einer unbegrenzten Güte des menschlichen
Herzens stellt Kant seine Lehre von dem radikalen
Bösen in der menschlichen Natur gegenüber. Er bezeichnet es als eine „heroische Meinung" anzunehmen, dass die
Welt unaufhörlich, obgleich kaum merklich, vom Schlechten
zum Bessern fortschreite, wenigstens dass die Anlage dazu
in der menschlichen Natur anzutreffen sei. Er vermutet
darin blos eine gutmütige Voraussetzung der Moralisten von
Seneka bis zu Rousseau, welche den Zweck hat, zur Ausbildung der in uns liegenden Keime zum Guten anzutreiben,
wenn man nur auf eine natürliche Grundlage dazu im
Menschen rechnen könne. Denn es sprechen dagegen Er-
fahrung und Geschichte, wenigstens wenn nicht von einer
blos äusserlichen Civilisierung, sondern vom Moralisch-Guten
die Rede ist.[2]) Wenn aber Rousseau die behauptete Gutartigkeit der menschlichen Natur in einem sogenannten
Naturzustande findet, so verweist ihn Kant auf die Auftritte
von ungereizter und völlig nutzloser Roheit und Grausam-
keit, die sich unter den Naturvölkern abspielen.[3])

Rousseau hatte gelehrt, es sei vergeblich, die Tugend
auf die Vernunft allein gründen zu wollen.[4]) Gerade dies
ist das Charakteristische der Morallehre Kants; er lässt das
Sittliche ausschliesslich aus der Vernunft des Menschen
entspringen. Indem er jegliche empirische Grundlage für
seine Moral beseitigt, will er dieselbe gänzlich unabhängig

[1]) p. 171 No. 495 cf. p. 176 No. 513: Es giebt keine Tugend als im
wackern Herzen und kein wackeres Herz ohne Macht der Grundsätze:
und No. 521: Die alles auf's Gefühl reducieren, Poeten, haben keinen Charakter.

[2]) Religion innerhalb der Grenzen der blossen Vernunft (1793). X. p. 20.

[3]) ibid. p. 36.

[4]) Oeuvres 9, p. 75 sq.

machen, so dass sie weder im Himmel noch auf Erden eine
Stütze findet, sondern allein in der Vernunft des Menschen
ruht. Und zwar besitzt die Vernunft auch die Fähigkeit,
die von ihr selber gegebenen Gesetze auszuführen, sie besitzt nicht blos die Legislative, sondern auch die Exekutive,
sie ist nicht blos theoretisches, sondern auch praktisches
Vermögen. Die Sittenlehre Kants ist also eine intellektuelle,
und so sehr betont er diesen Charakter, dass er auf den
Menschen als solchen gar keine Rücksicht nimmt, sondern
ihn nur insofern betrachtet, als er Vernunftwesen ist.

In der 1785 erschienenen „Grundlegung zur Metaphysik der Sitten" hat Kant diese Ansicht näher entwickelt. Auf die Frage: Was ist gut? giebt er die Ant-
wort: Allein der gute Wille. Alle Talente des Geistes,
wie Verstand, Witz und Urteilskraft, alle Eigenschaften
des Temperamentes, wie Mut, Entschlossenheit, Beharrlich-
keit sind ohne Zweifel in mancher Hinsicht gut und
wünschenswert. Sie werden aber im höchsten Grade böse
und verderblich, wenn sie in den Dienst eines schlechten
Willens treten. Als ohne Einschränkung gut kann allein
der gute Wille gelten. Wer aus Neigung oder Rücksicht
auf den Nutzen handelt, dessen Thun mag äusserlich mit
dem Sittengesetze übereinstimmen, er mag legal handeln,
moralisch handelt er nur, wenn er die Pflicht thut um
der Pflicht willen, wenn er das Gebot erfüllt, insofern es
als kategorischer Imperativ ihm entgegentritt. Bekanntlich
hat Kant dieser seiner Lehre einen unnötig strengen und
schroffen Ausdruck gegeben. Es erklärt sich dies aber
aus seinem Bestreben, alles Empirische und alles Gefühlsmässige aus seiner Darlegung zu entfernen. Er ist jeden-
falls im Recht, wenn er uns zur genauen Selbstprüfung auf-
fordert, ob wir auch ohne alle selbstsüchtigen Absichten
handeln, wenn er uns darauf aufmerksam macht, dass vielleicht auch da sinnliche und gefühlsmässige Motive mit-
wirken, wo wir aus reinen sittlichen Grundsätzen zu handeln scheinen. Er verfällt aber dabei in das der Auffassung

3 *

Rousseaus entgegengesetzte Extrem. Hatte dieser alles der
grenzenlosen Güte des Herzens überlassen, so ging Kant in
der Bekämpfung einer solchen Gefühlsmoral so weit, nur dort
wahre Moralität anzuerkennen, wo aus Grundsatz, nicht aus
Neigung gehandelt wird. Er lässt den doch gewiss nicht
selten vorkommenden Fall, dass Neigung und Pflicht allerdings zusammenstimmen, zwar nicht ausser Acht, fordert aber
um so entschiedener, dass auch dann die betreffende Hand-
lung nicht aus Neigung, sondern aus Pflicht vollbracht werde.
Bis zu einem gewissen Grade ist also der von Schiller gegen
den Rigorismus der Pflicht bei Kant erhobene Einwurf
berechtigt,[1]) wenn wir auch andererseits nicht umhin können,
das Streben Kants, alle Gefühlsregungen aus der Pflichten-
lehre zu bannen, als eine gesunde Reaktion gegen Rousseaus
Sentimentalität anzuerkennen.

Kurz gesagt. Rousseau findet das Sittliche im Herzen
des Menschen als moralischen Instinkt,[2]) und wir verstehen
diese Sprache der Natur nur deshalb nicht, weil alle Verhältnisse zusammenwirken, sie uns überhören zu lassen.[3])
Der im Herzen gute Mensch wäre also, in Kants Sprache
zu reden, der Mensch als Noumenon. Der Betrachtungsweise Kants erscheint eine solcherart gegründete Moral
nicht auszureichen. Statt in dem den mannigfachsten Beweggründen unterworfenen Herzen sucht er die Moral
allein in der Vernunft des Menschen, unabhängig von
allen empirischen Beweggründen und jeglicher sinnlichen
Neigung. — Indem Kant sich bemüht, das sittliche Leben
unabhängig von aussen zu machen, und auf sich selber
zu stellen, ist ihm die Freiheit die Ursache des Sittengesetzes. Was Freiheit sei, bestimmt er aber nicht nach
dem gewöhnlichen, auch von Rousseau angenommenen Sinne.

---

[1]) Eine andere Auffassung vertritt K. Fischer, Geschichte der
neueren Philos. IV. 109.

[2]) Oeuvres 9, 68.

[3]) ibid. 73.

In der Natur, zu der auch der Mensch gehört, sofern er Erscheinung ist, vollziehen sich alle Vorgänge nach Gesetzen; die Freiheit aber besteht in der Unabhängigkeit von jeglicher Naturkausalität, ist aber darum nicht ursachlos überhaupt, sondern beruht auf absoluter Spontaneität. Freilich kann das Vermögen des freien Handelns nicht in der Erscheinung vorkommen, denn Erscheinungen sind jederzeit bedingt. „Was man sich auch, in metaphysischer Absicht, für einen Begriff von der Freiheit des Willens machen möge, so sind doch die Erscheinungen desselben, die menschlichen Handlungen, ebensowohl als jede andere Naturbegebenheit, nach allgemeinen Naturgesetzen bestimmt."[1]) Freiheit kann nie erscheinen, sondern ist die Wirksamkeit des Dinges an sich. Wäre es aber möglich, ein Handeln aus bloser Vernunft zu erkennen, so würden wir einsehen, dass die Vernunft von der Zeit unabhängig, d. h. eine freie Ursache sei. Aus Vernunft handeln heisst also frei handeln. Der Zeit mit ihren Erscheinungen liegt etwas zu Grunde, was zeitlos ist. Wenn die Vernunft bestimmende Ursache des Handelns ist, so ist sie zeitlos; allerdings ist dieser Gedanke nicht realisierbar, aber doch wenigstens möglich. — Hierauf stützt Kant seine Moral, insbesondere seine Lehre von der Autonomie. Der Mensch ist sich bewusst, dass er ein selbsthandelndes Wesen ist und daher über die Sinnlichkeit sich erhebt. Was nun der Mensch unabhängig von der Sinnlichkeit thut, was blos aus seinem eigensten und innersten Wesen, aus seiner Vernunft entspringt, das und nur das allein ist moralisch.

Wenn Kant über die Grundlage der Moral sich gegensätzlich zu Rousseau äussert, so überwindet er durch seine Lehre auch noch in anderer Beziehung dessen pessi-

---

[1]) Idee zu einer allgemeinen Geschichte in weltbürgerl. Absicht VII. 317. cf. Alois Riehl, der philosophische Kriticismus II, 2. 218 sq., der die Behauptung Kants, dass es sich um allgemeine Naturgesetze handle, einschränkt.

mistische Zweifel am Werte des in die Kultur eingetretenen
Menschenlebens. Die Anlagen aller Lebewesen sind auf
einen bestimmten Zweck abgezielt. Welches ist nun der
Zweck, welcher der Vernunft des Menschen vorgesetzt ist?
Etwa sein Wohlbefinden? seine Glückseligkeit? Wäre dies
der Fall, so hätte die Natur ein schlechtes Mittel gewählt.
Zu diesem Ziele wäre der unbewusste, aber sicher leitende
Instinkt ein viel besseres Mittel gewesen, als die dem Irr-
tume ausgesetzte Vernunft. Diese hat mit ihren Erfindungen,
Künsten und Wissenschaften den Menschen nicht glücklicher gemacht. Je mehr die Vernunft kultiviert wird, je
mehr die Bildung fortschreitet, desto mehr vervielfältigen
sich die Bedürfnisse des Menschen, in demselben Grade
aber nimmt seine Zufriedenheit und dadurch auch seine
Glückseligkeit ab. Bei der Annahme also, dass das Ziel
der vernunftbegabten Wesen die Glückseligkeit sei, ist ein
gewisser Grad von Misologie, d. h. Hass der Vernunft,
nicht abzuwehren. So hatte Rousseau geurteilt, der bei der
Darstellung des Gegensatzes zwischen Natur und Kultur
und bei der Beurteilung des Wertes der Wissenschaften
und Künste alle Entwickelung und jeglichen Fortschritt be-
klagte und den Menschen glücklich pries, der der Leitung
des Naturinstinktes untersteht und seiner Vernunft keinen
Einfluss auf sein Thun und Lassen gestattet. Gewiss ist
dieses Urteil einseitig und falsch. Aber Kant begnügt sich
nicht dabei, dies auszusprechen, er spürt in der „Grundlegung" auch der Ursache des irrigen Urteils nach. Diese
findet er in der Vorstellung von einer viel bessern und
würdigern Aufgabe der Vernunft, als es die Glückseligkeit
des Menschen wäre. Nicht zur Behaglichkeit der Lebens-
umstände soll sie uns leiten — dazu würde der Instinkt
viel besser sein — sondern die wahre Bestimmung derselben
ist, einen an sich selbst guten Willen hervorzubringen.
Dieser ist einem Juwel zu vergleichen, das für sich selber
glänzt, ist ein Schatz, der einen alles übersteigenden unend-
lichen Wert hat. Es kann nun nicht länger mehr die Frage

sein, worin das Ziel des menschlichen Lebens zu suchen ist.
Nicht in der Glückseligkeit, wie Rousseau gethan, sondern
in der Ausprägung des guten Willens haben wir Aufgabe
und Ziel des Menschen zu suchen. Ersteres Ziel können
wir niemals vollständig, das letztere können und sollen alle
Einzelnen ganz erreichen.

7.

Neben seinen so tiefgehenden philosophischen Untersuchungen interessierte sich Kant lebhaft für die politischen
Vorgänge, deren Verlauf er mit gespannter Teilnahme ver-
folgte. Er sympathisierte mit den Amerikanern gegen Eng-
land, und die französische Revolution fand anfänglich seinen
vollen Beifall, sie war eine Zeit lang das liebste Thema
seiner Gespräche. [1])

Wir gehen wohl nicht fehl in der Annahme, dass auch
hier der Einfluss Rousseaus sich bemerkbar macht. Dass
Kant in dessen Klage über die Ungleichheit der Men-
schenrechte einstimmt, haben wir schon oben gesehen.
Seine Freiheitsliebe spricht er deutlich aus in den Fragmenten [2]): Alle Übel der Natur sind gewissen Gesetzen
unterworfen; kennen wir letztere, so können wir uns vor
den ersteren schützen. Des Menschen Sinn aber ist regel-
los. Ist nun ein Mensch dem andern unterworfen, so ist er
gleichsam für sich nichts als ein Hausgerät dieses andern.
Der Mensch, der abhängt, ist nicht mehr ein Mensch, er
hat diesen Rang verloren, er ist nichts als ein Zubehör
dieses andern Menschen. Daher kann kein Abscheu natür-
licher sein, als den ein Mensch gegen die Knechtschaft
hat. Ebenso lehrt Kant in der Moral, dass der Mensch
niemals blos als Mittel, sondern stets als Zweck betrachtet
und behandelt werden müsse. Daher rührt auch Kants

---

[1]) K. Fischer. Gesch. d. n. Philos. 3. 87. cf. Werke XI, 276. insbesondere die Anmerkung.
[2]) cf. insbes. XI. 251 sq.

Republikanismus.[1]) worunter er aber nur eine verfassungs-
mässige Vertretung des Volkes versteht, so dass auch eine
Monarchie in diesem Sinne republikanisch sein kann. Unter
diesem Gesichtspunkte fasst er auch den „socialen Kontrakt"
auf. Derselbe ist ihm kein Faktum, sondern er sieht ihn als
regulative Idee an, die aber eine sichere praktische
Realität hat: nämlich jeden Gesetzgeber zu verbinden,
dass er seine Gesetze so gebe, als sie aus dem vereinigten
Willen eines ganzen Volkes haben entspringen können, und
jeden Unterthan so anzusehen, als ob er einem solchen
Willen zugestimmt habe.[2]) Es wäre aber durchaus unrichtig,
anzunehmen, Kant habe sich durch die, wenn nicht der
Absicht, so doch der Konsequenz nach revolutionären Ideen
Rousseaus hinreissen lassen; dem stand sein preussischer
Patriotismus, sein nüchterner Sinn und seine besonnene Prüfung und Beurteilung aller Ansichten und Verhältnisse entgegen. Vielmehr hat er nicht verfehlt, das Volk, nachdem
er es auf seine Rechte aufmerksam gemacht, auch nach-
drücklich an seine Pflichten zu erinnern, indem er, in seiner Art, lehrt: Alle Obrigkeit ist von Gott.[3]) Mit gutem
Gewissen konnte daher Kant von sich sagen:[4]) Ich glaube
nicht, man wird mir Schuld geben, ich habe den Beherr-
schern mit der Unverletzlichkeit ihrer Rechte und Person
zu sehr geschmeichelt, aber so muss man mir auch nicht
Schuld geben, ich schmeichle dem Volke zu sehr, dass ich
ihm das Recht vindiciere, wenigstens über die Fehler der
Regierung seine Urteile öffentlich bekannt zu machen.

Weiterhin ist der gefühlsmässige Deismus, den Rousseau im „Glaubensbekenntnis des savoyischen Vi-

---

[1]) cf. Zum ewigen Frieden VII, p. 244 und Metaphysik der Sitten.
Rechtslehre. II. Teil, IX. p. 193.

[2]) Über den Gemeinspruch: Das mag in der Theorie richtig sein,
taugt aber nicht für die Praxis. VII. p. 207.

[3]) Metaphysik der Sitten. Rechtslehre. II. Teil. IX. 164 sq.

[4]) Kants Biographie von F. W. Schubert in der Gesamtausgabe der
Werke Kants von Rosenkranz und Schubert. Bd. XI, II. Abtlg., p. 142 sq.

kars" predigt, gewiss nicht ohne Einfluss auf Kant geblieben. Die drei Glaubensartikel im Bekenntnis des Vikars: Gott. Freiheit, Unsterblichkeit treten bei Kant als **Postulate der praktischen Vernunft** auf, wobei aber daran zu erinnern ist, dass diese Resultate auf verschiedenen Wegen gefunden werden, indem der eine Denker von der Betrachtung der Aussenwelt ausgeht, der andere aber vom kategorischen Imperativ aus dazu gelangt. [1]) Immerhin dürfen wir sagen, wenn Kant trotz seiner pietistischen Erziehung der Vater des theologischen Rationalismus geworden ist, so hat er sich in der Kritik der bestehenden Religionsvorstellungen wenigstens bestärkt gefühlt durch Rousseau, dessen Glaubensbekenntnis Schopenhauer mit Recht den „**Prototyp alles Rationalismus**" genannt hat. [2])

Auf diesem Boden des politischen und theologischen Liberalismus beantwortet Kant die Frage: Was ist Aufklärung? dahin, dass er sagt: [3]) „Aufklärung ist der Ausgang des Menschen aus seiner selbstverschuldeten Unmündigkeit. Unmündigkeit ist das Unvermögen sich seines Verstandes ohne Leitung eines andern zu bedienen. Selbstverschuldet ist diese Unmündigkeit, wenn die Ursache derselben nicht am Mangel des Verstandes, sondern der Entschliessung und des Mutes liegt, sich seiner ohne Leitung eines andern zu bedienen. Sapere aude! Habe Mut, dich deines eigenen Verstandes zu bedienen! ist also der Wahlspruch der Aufklärung. [4]) So weit giebt er Rousseau Recht, wenn dieser sagt: [5]) Es giebt nichts Unanfechtbareres als die Grundsätze der Vernunft und Menschenzeugnis vermag keine Ungereimtheit zu beglaubigen. [6]) Zugleich aber machte Kant den Versuch, die Denk- und Redefreiheit

---

[1]) cf. jedoch p. 17.
[2]) Werke. Edid. Eduard Grisebach, V, 409.
[3]) Werke VII, 145.
[4]) cf. Refl. I, 1 p. 122 No. 269 und No. 270.
[5]) Oeuvres 9, 99.
[6]) cf. Ref. I. 1 p. 109 No. 208.

mit den bürgerlichen und kirchlichen Verpflichtungen auszugleichen.

Endlich mag es noch gestattet sein, zur Charakteristik
der Anschauungsweise Kants aus der zwei Jahre später
(1786) erschienenen Schrift: Was heisst sich im
Denken orientieren? die Schlussworte anzuführen,
die nach Form und Inhalt lebhaft an die begeisterte
Sprache Rousseaus erinnern: „Freunde des Menschen-
geschlechtes und dessen, was ihm am heiligsten ist! Neh-
met an, was euch nach sorgfältiger und aufrichtiger Prüfung
am glaubwürdigsten scheint, es mögen nun Fakta, es mögen
Vernunftgründe sein; nur streitet der Vernunft nicht das,
was sie zum höchsten Gut auf Erden macht, nämlich das
Vorrecht ab, der letzte Probierstein der Wahrheit zu sein.
Widrigenfalls werdet ihr, dieser Freiheit unwürdig, sie auch
sicherlich einbüssen, und dieses Unglück noch dazu dem
übrigen schuldlosen Teile über den Hals ziehen, der sonst
wohl gesinnt gewesen wäre, sich seiner Freiheit gesetz-
mässig und dadurch auch zweckmässig zum Weltbesten zu
bedienen!" [1])

8.

Rousseaus Emil fand bei seinem Erscheinen eine ge-
teilte Aufnahme; von geistlichen und weltlichen Obrigkeiten
verdammt und verbrannt [2]), wurde das Buch von andern Be-
urteilern über alles gelobt und in den Himmel gehoben.
Goethe nannte den Emil das Naturevangelium der Erziehung und selbst Kant, trotz seiner nüchternen und besonnenen

---

[1]) Werke I, 390.
[2]) Am 9. Juli 1762 wurde das Buch vom Parlament zum Ver-
brennen verurteilt, am 20. August von der Sorbonne censuriert und vom
Erzbischof Beaumont verboten. Die Inquisition verbot den Emil am
9. September 1762, das Gleiche geschah in demselben Jahre auch in
Genf, der Vaterstadt des Verfassers. F. H. Reusch, Index der ver-
botenen Bücher II. Bonn 1885. p. 911 sq.

Denkungsart, gesteht, von demselben bewegt und im tiefsten Innern erschüttert worden zu sein. [1]

Rousseaus Buch ist das getreue Abbild seines Verfassers; halb Lehrbuch, halb Roman, soll der Emil aus dem Irrsal der Verkünstelung, in die die übercivilisierten Verhältnisse geraten waren, den Ausweg zeigen, indem der Verfasser ganz neue Erziehungsgrundsätze aufstellte. Er will ein System der Entwickelung der Natur bieten: Emil soll die Menschheit im Naturzustande repräsentieren. Rousseau verfiel aber in seinen Darstellungen (besonders denjenigen seiner frühern Schriften) mehrfach in das andere Extrem, indem er die Gegensätze zwischen Natur und Kunst stark übertreibt, statt die letztern stets als die organische und notwendige Weiterbildung und Entwickelung aufzufassen, und, wie Kant es gethan, überall das Bestreben hervortreten zu lassen, dahin zu wirken, dass „vollkommene Kunst wieder Natur" wird. Wenn wir indessen seine Einseitigkeiten und Übertreibungen ausser acht lassen, so dürften sich seine Bestrebungen mit seinen eigenen Worten so ausdrücken lassen: Es handelt sich nicht darum, einen Wilden zu schaffen und ihn in die Einsamkeit der Wälder zu schicken, es genügt vielmehr, dass Emil im Wirbel der Welt nicht sich fortreissen lässt durch die Leidenschaften und die Vorurteile der Menschen. Er soll mit seinen eigenen Augen sehen, mit seinem eigenen Herzen fühlen und und keine Macht der Erde soll ihn bestimmen als seine Vernunft. [2]

Hiermit ist Kant einverstanden, wie wir aus der „Nachricht über die Einrichtung seiner Vorlesungen 1865/66" sehen. Nach seiner Vorschrift soll der Schüler nicht (blos?) Gedanken, sondern denken lernen, man soll ihn nicht tragen, sondern leiten, wenn man will, dass er in Zukunft selber soll gehen können. [3] Schon damals bemüht

---

[1] Fragm. XI, 240.
[2] Oeuvres 8 p. 215.
[3] cf. Oeuvres 8, 9 u. 18.

sich ferner Kant, Rousseaus Forderung einer naturgemässen
Erziehung mit unsern gesellschaftlichen Verhältnissen in
Einklang zu bringen. Die Natur hat bestimmte Kenntnisse
dem reifern Alter vorbehalten, die gesellschaftlichen Verhältnisse aber erfordern, dass dieselben vorweggenommen
werden; beiden lässt sich ein Genüge thun derart, dass,
entsprechend den Erfordernissen der natürlichen Entwickelung, zuerst der Verstand, dann die Vernunft ausgebildet
und endlich Gelehrsamkeit vermittelt wird. Das ist die
der Natur angemessene Methode, während der umgekehrte
Weg die abgeschmackten Köpfe erzeugt.

Auch die Fragmente zeigen, dass Kant den von
Rousseau angeregten Gedanken nachgegangen ist. Nicht
blos die Jugend zu erziehen, dient ihm Rousseaus Buch,
sondern auch die Alten zu bessern. [1]) Die Vorschriften,
die Rousseau über das Verhüten des Lügens bei Kindern
giebt, erregen seine Aufmerksamkeit. [2]) Seinem scharfen Blick
entgehen aber auch nicht die mangelhaften Seiten. Setzte
Rousseau einen grossen Apparat zur Erziehung seines Zöglings in Bewegung, so ist Kant der Meinung, dass im einfachen Zustande einem Kinde nur wenig Dienste geleistet
werden. Sobald es ein wenig Kraft hat, thut es selbst
kleine nützliche Handlungen der Erwachsenen, wie bei
Landleuten oder Handwerkern und lernt so allmählich das
Übrige. [3]) Kant beschränkt die Erziehung auf die ersten
sechzehn Jahre; Rousseau macht den Erzieher zum steten
Begleiter seines einzigen Zöglings bis zum 25. Jahre. Eine
solche Aufopferung ist, wie Kant mit Recht bemerkt, unnatürlich. Es ist aber geziemend, dass ein Mensch sein
Leben verwendet, um viele zugleich leben zu lehren.
Daher empfiehlt Kant die Erziehung in öffentlichen Schulen,
deren Lehrer dann Emile sein mögen. Nur hat Rousseau

---

[1]) Fragm. XI. 224.
[2]) ibid. p. 229 sq.
[3]) ibid. p. 232. cf. Pädagogik, Werke IX, p. 404 sq.

vergessen zu zeigen, wie solche Emile zu Lehrern für viele
würden. Kant, ihn ergänzend, macht den Vorschlag. Geist-
liche auf dem Lande möchten mit ihren eigenen Kindern
und denen ihrer Nachbarn einen Anfang machen. Dass
übrigens Kant durch Rousseau nicht alle Erziehungsfragen
für gelöst ansieht, beweist seine Schlussbemerkung in
den „Beobachtungen", wo er von dem „noch unentdeckten
Geheimnis der Erziehung" redet.

Auch aus den Recensionen und Aufsätzen über das
„Basedow'sche Philanthropin" (1776-78)[1] können wir An-
haltspunkte für Kants Beurteilung der pädagogischen Vor-
schläge Rousseaus entnehmen. Da indessen nur der zweite
Aufsatz unbestrittene Echtheit besitzt,[2] so soll dieser allein
berücksichtigt werden. Basedow, angeregt durch die Re-
formvorschläge Rousseaus, hatte es unternommen, das, was
dieser nur theoretisch angedeutet, in die Praxis umzusetzen.
Es ist begreiflich, dass ein solches Unternehmen Kants
Aufmerksamkeit erregen und seinen entschiedenen Beifall finden musste. Kant weist daher, ganz im Sinne
Rousseaus, darauf hin, dass den bisherigen Schulen der
schwere Fehler anhaftete, dass sie gegen die Natur arbei-
teten und daher das Gute, das die Natur dem Menschen
eingepflanzt, nicht entwickeln konnten. Rousseaus (und
Basedows) Methode ist dagegen aus der Natur selber gezogen und daher berufen, die Revolution in der bisherigen Erziehung (denn eine blose Reform genügt nicht) her-
beizuführen. Im Philanthropin erblickt Kant nicht blos eine
Erziehungsanstalt, sondern eine Pflanzstätte für die Emile,
die als Lehrer bemüht sein werden, die naturgemässe Erziehung überallhin auszubreiten.

---

[1] Diese drei Aufsätze sind in die Gesamtausgabe von Rosenkranz noch nicht aufgenommen worden. Die Kirchmann'sche Ausgabe
teilt sie nach der 2. Ausgabe von Hartenstein mit im LVII. Bande.
p. 111 sqq.

[2] cf. die Erläuterungen Kirchmanns zu den Recensionen im LXI. Bde.
seiner Gesamtausgabe der Werke Kants p. 14 sq.

Durch seine amtliche Stellung veranlasst, fand Kant Gelegenheit, sich in Universitätsvorlesungen eingehender über seine pädagogischen Ansichten auszusprechen. Aufzeichnungen über diese Vorträge wurden von Friedrich Theodor Rink herausgegeben.[1]) Mehrere Male bezieht sich Kant ausdrücklich auf Rousseau, mehreres hat er von ihm übernommen, in verschiedenen Fragen verhält er sich ablehnend gegen ihn.

Mit Rousseau ist Kant von der hohen Wichtigkeit der Erziehung überzeugt: Es ist entzückend sich vorzustellen, dass die menschliche Natur immer besser werde durch Erziehung entwickelt werden, und dass man diese in eine Form bringen kann, die der Menschheit angemessen ist.[2]) Diese der Menschheit angemessene Form aber besteht darin, dass die Naturanlagen proportionierlich entwickelt werden, so dass die Menschheit ihre Bestimmung erreicht.[3]) Den von Rousseau behaupteten Widerspruch zwischen Natur und Gesittung anerkennt Kant also nicht.

In der Einleitung behandelt er[4]) das schwierige Problem, wie Zwang und Freiheit zu vereinigen seien. Zwang ist nach ihm nötig, und zwar frühe, und er verwirft Rousseaus Ansicht, dass man hiermit einen edlen Hang zur Freiheit bekämpfe, vielmehr handele es sich um eine noch halb tierische Rohigkeit. Später aber giebt er Rousseau insoweit Recht, dass aus einem muntern Knaben eher ein guter Mann werde, als aus einem naseweisen, klugthuenden Burschen.[5])

Insbesondere aber ist Kant in dem, was er über die physische Erziehung sagt, durchaus in Übereinstimmung mit Rousseau. Die Nahrung, welche die Natur dem Kinde

---

[1]) Bei Rosenkranz-Schubert im IX. Bande der Gesamtausgabe der Werke Kants.
[2]) IX, 373.
[3]) IX, 374.
[4]) IX, 381.
[5]) IX, 403.

bestimmt hat, ist, wie auch Rousseau[1]) gelehrt, die Mutter-
milch.[2]) Auch seine Warnung vor allzu reichlichen Nah-
rungsmitteln in der Folgezeit[3]) finden wir bei Rousseau.[4])
Weiterhin warnt Kant überhaupt vor allem, was der
Natur widerstreitet, insbesondere vor Werkzeugen, die die
natürliche Fertigkeit zerstören, dringt auf eine abhärtende
Erziehung, warnt aber auch hier vor aller Übertreibung.
Auch Arbeit muss geleistet werden: nicht soll das Kind sich
ausschliesslich, wie Rousseau verlangte, spielend beschäf-
tigen.

In Hinsicht auf die Gemütsbildung bemerkt Kant u. a.
in Übereinstimmung mit Rousseau, man solle den Kindern
nicht zurufen: Pfui, schäme dich! Denn ein Kind hat noch
keinen Begriff von Scham und Schicklichkeit.[5])

Bezüglich der religiösen Erziehung stimmen beide darin
überein, dass naturgemäss die religiöse Bildung als das Letzte,
was dem Kinde mitzuteilen ist, zu betrachten sei.[6]) Da
es sich aber in unsern dermaligen Verhältnissen nicht ver-
meiden lässt, dass die Kinder Zeugen der Gottesverehrung der
Erwachsenen sind, so muss die religiöse Unterweisung früher
beginnen, darf aber den Weg der Natur nicht verlassen. Dies
geschieht, indem die moralischen Vorschriften den Anfang
machen, denen erst die im engern Sinne religiösen folgen.[7])

Auch bezüglich der Regelung des Geschlechtstriebes
stimmt Kant im Allgemeinen mit Rousseau überein.[8]) Auch
hier ist es, wenn einmal ein Konflikt vorliegt, besser, dass
der Jüngling nur gegen die bürgerliche Ordnung, als wenn
er gegen die Natur selber sündigt.

---

[1]) 7, 26.
[2]) IX, 387 sq.
[3]) ibid. 389.
[4]) 7, 87 sq.
[5]) IX. p. 413.
[6]) IX, p. 431.
[7]) IX. p. 433.
[8]) IX, p. 436.

Ein Fehler, der bei der Erziehung häufig begangen wird, besteht darin, dass man direkt oder indirekt dem Willen eine falsche Richtung giebt. Mit ausdrücklicher Bezugnahme auf Rousseau giebt Kant die Anweisung, dass man den Willen der Kinder zuvor nur nicht verderben solle, dann werde man späterhin auch nicht nötig haben, den Willen zu brechen.[1]

9.

„Wenn man von einem gegründeten, obzwar nicht ausgeführten Gedanken anfängt, den uns ein anderer hinterlassen, so kann man wohl hoffen, es bei fortgesetztem Nachdenken weiter zu bringen, als der scharfsinnige Mann kam, dem man den ersten Funken dieses Lichts zu verdanken hatte."[2] Diese Worte Kants über sein Verhältnis zu David Hume gelten auch von seiner Stellung zu Rousseau. Im Vorhergehenden wurde zu zeigen versucht, dass Kant auf allen Gebieten, auf denen die beiden Denker sich begegneten, dasjenige aus den Lehren Rousseaus auslas und weiter zu entwickeln sich bemühte, was als berechtigt sich seinem ruhig überlegenden Geiste darstellte. Und zwar verfährt Kant, wie wir gesehen, mit den Behauptungen des Genfers ähnlich, wie mit den Philosophemen der Scholastik, er nimmt sie als regulative, nicht als konstitutive Elemente an und auf. Seine Auffassung Rousseaus, wie er sie von Anfang

---

[1] IX. p. 393: Rousseau sagt: wenn man einem Kinde, das nur ungefähr sechs Monate alt ist, auf die Hand schlägt, so schreit es in der Art, als wenn ihm ein Feuerbrand auf die Hand gefallen wäre. Es verbindet hier schon wirklich den Begriff einer Beleidigung. Die Eltern reden gemeiniglich sehr viel von dem Brechen des Willens bei den Kindern. Man soll nicht immer vom Brechen des Willens bei Kindern reden, sondern man soll ihn nicht zuvor verderben. cf. Oeuvres 7. 77.

[2] Prolegomena zu einer jeden künftigen Metaphysik, die als Wissenschaft wird auftreten können. III. 9. cf. Reflex. I, 1 p. 119 No. 622: Wer fortsetzt, kann den ersten Urheber weit übertreffen, wie Newton den Kepler. Wir Deutschen sind zur Fortsetzung der Erfindungen der Vernunft gemacht.

an sich bildete und bis zu seinem Lebensende festhielt, ist übrigens in dem Entwickelungsgange dieses Mannes selber. wenigstens teilweise, begründet. [1]

Kant scheidet die Schriften Rousseaus in der „Anthropologie" (1798) in zwei Klassen. Die erstere umfasst ihm die vorbereitenden Schriften „über den Einfluss der Wissenschaften", „über die Entstehung der Ungleichheit" und „die neue Heloise" als Darstellung der verkehrten Moralisierung und Erziehung. Diese drei Schriften haben nach Kants Auffassung theoretischen und vorbereitenden Charakter. Die positive Ergänzung wird gegeben im „Socialkontrakt" und im „Emil", insbesondere dem „Glaubensbekenntnis des savoyischen Pfarrverwesers". Diese Werke verfolgen den Zweck, dem Menschengeschlechte den Ausweg aus dem Irrsal der Übel zu zeigen, in die wir durch eigene Schuld geraten sind. Kant erklärt in der angeführten Stelle noch einmal ausdrücklich, Rousseaus Absicht sei nicht gewesen. den Menschen zur R ü c k k e h r in den Naturzustand einzuladen, sondern ihn zu veranlassen, von der Stufe, auf der er jetzt steht, dorthin z u r ü c k z u s e h e n. Durch solchen Rückblick soll der Mensch befähigt werden, auf der Bahn der Entwickelung immer sicherer und vollkommener fortzuschreiten. [2]

So hat Kant den Pessimismus Rousseaus überwunden und es als Aufgabe der Menschheit erkannt und dargestellt, die Gegensätze zwischen Natur und Kultur im Fortschritt zu überwinden.

---

[1] Richard Fester. Rousseau und die deutsche Geschichtsphilosophie. Ein Beitrag zur Geschichte des deutschen Idealismus. Stuttgart 1890. p. 30.

[2] Anthropologie in pragmatischer Hinsicht. Bd. VII. Abteilg. II. p. 268.